TRANZLATY

Language is for everyone

Bahasa adalah untuk semua orang

Aladdin and the Wonderful Lamp

Aladdin dan Lampu Indah

Antoine Galland

English / Bahasa Melayu

Copyright © 2025 Tranzlaty
All rights reserved
Published by Tranzlaty
ISBN: 978-1-83566-926-6
Original text by Antoine Galland
From ''Les mille et une nuits''
First published in French in 1704
Taken from The Blue Fairy Book
Collected and translated by Andrew Lang
www.tranzlaty.com

Once upon a time there lived a poor tailor
Pada suatu masa dahulu tinggal seorang tukang jahit yang miskin

this poor tailor had a son called Aladdin
tukang jahit malang ini mempunyai seorang anak lelaki bernama Aladdin

Aladdin was a careless, idle boy who did nothing
Aladdin adalah budak cuai dan terbiar yang tidak melakukan apa-apa

although, he did like to play ball all day long
walaupun, dia memang suka bermain bola sepanjang hari

this he did in the streets with other little idle boys
ini dia lakukan di jalanan bersama budak-budak terbiar yang lain

This so grieved the father that he died
Ini sangat menyedihkan bapanya sehingga dia meninggal dunia

his mother cried and prayed, but nothing helped
ibunya menangis dan berdoa, tetapi tiada apa yang membantu

despite her pleading, Aladdin did not mend his ways
walaupun dia merayu, Aladdin tidak membetulkan keadaannya

One day, Aladdin was playing in the streets, as usual
Pada suatu hari, Aladdin bermain di jalanan, seperti biasa

a stranger asked him his age
orang asing bertanyakan umurnya

and he asked him, "are you not the son of Mustapha the tailor?"
dan dia bertanya kepadanya, "Bukankah kamu anak Mustapha tukang jahit?"

"I am the son of Mustapha, sir," replied Aladdin
"Saya anak Mustapha, tuan," jawab Aladdin

"but he died a long time ago"
"tapi dia dah lama meninggal"

the stranger was a famous African magician
orang asing itu adalah ahli silap mata Afrika yang terkenal

and he fell on his neck and kissed him

dan dia memeluk lehernya dan menciumnya
"I am your uncle," said the magician
"Saya bapa saudara kamu," kata ahli silap mata itu
"I knew you from your likeness to my brother"
"Saya kenal awak dari rupa awak dengan abang saya"
"Go to your mother and tell her I am coming"
"Pergi kepada ibu kamu dan beritahu dia saya akan datang"
Aladdin ran home and told his mother of his newly found uncle
Aladdin berlari pulang dan memberitahu ibunya tentang bapa saudaranya yang baru ditemui
"Indeed, child," she said, "your father had a brother"
"Sesungguhnya, anak," katanya, "ayahmu mempunyai seorang saudara lelaki"
"but I always thought he was dead"
"tetapi saya selalu fikir dia sudah mati"
However, she prepared supper for the visitor
Bagaimanapun, dia menyediakan makan malam untuk pelawat itu
and she bade Aladdin to seek his uncle
dan dia menyuruh Aladdin mencari bapa saudaranya
Aladdin's uncle came laden with wine and fruit
Bapa saudara Aladdin datang sarat dengan wain dan buah-buahan
He fell down and kissed the place where Mustapha used to sit
Dia rebah dan mencium tempat Mustapha duduk
and he bid Aladdin's mother not to be surprised
dan dia meminta ibu Aladdin supaya tidak terkejut
he explained he had been out of the country for forty years
dia menjelaskan dia telah berada di luar negara selama empat puluh tahun
He then turned to Aladdin and asked him his trade
Dia kemudian berpaling kepada Aladdin dan bertanya kepadanya tentang perniagaannya
but the boy hung his head in shame
tetapi budak itu menundukkan kepalanya kerana malu

and his mother burst into tears
dan ibunya menangis
so Aladdin's uncle offered to provide food
jadi bapa saudara Aladdin menawarkan diri untuk menyediakan makanan
The next day he bought Aladdin a fine set of clothes
Keesokan harinya dia membelikan Aladdin satu set pakaian yang bagus
and he took him all over the city
dan dia membawa dia ke seluruh kota
he showed him the sights of the city
dia menunjukkan kepadanya pemandangan kota itu
at nightfall he brought him home to his mother
pada waktu malam dia membawanya pulang kepada ibunya
his mother was overjoyed to see her son so well dressed
ibunya sangat gembira melihat anaknya berpakaian begitu kemas
The next day the magician led Aladdin into some beautiful gardens
Keesokan harinya ahli silap mata itu membawa Aladdin ke beberapa taman yang indah
this was a long way outside the city gates
ini adalah jauh di luar pintu gerbang bandar
They sat down by a fountain
Mereka duduk di tepi air pancut
and the magician pulled a cake from his girdle
dan ahli silap mata itu mengeluarkan kek dari ikat pinggangnya
he divided the cake between the two of them
dia membahagikan kek itu kepada mereka berdua
Then they journeyed onward till they almost reached the mountains
Kemudian mereka meneruskan perjalanan sehingga mereka hampir sampai ke pergunungan
Aladdin was so tired that he begged to go back
Aladdin sangat letih sehingga dia merayu untuk balik
but the magician beguiled him with pleasant stories

tetapi ahli sihir itu memperdayakannya dengan cerita-cerita yang menyenangkan
and he led him on in spite of his laziness
dan dia memimpinnya walaupun dia malas
At last they came to two mountains
Akhirnya mereka sampai ke dua gunung
the two mountains were divided by a narrow valley
kedua gunung itu dibelah oleh lembah yang sempit
"We will go no farther," said the false uncle
"Kami tidak akan pergi lebih jauh," kata pakcik palsu itu
"I will show you something wonderful"
"Saya akan tunjukkan kepada anda sesuatu yang indah"
"gather up sticks, while I kindle a fire"
"kumpulkan kayu, sementara saya menyalakan api"
When the fire was lit the magician threw a powder on it
Apabila api dinyalakan ahli silap mata melemparkan serbuk ke atasnya
and he said some magical words
dan dia mengucapkan beberapa perkataan ajaib
The earth trembled a little and opened in front of them
Bumi bergegar sedikit dan terbuka di hadapan mereka
a square flat stone revealed itself
batu rata segi empat sama terserlah
and in the middle of the stone was a brass ring
dan di tengah-tengah batu itu ada cincin tembaga
Aladdin tried to run away
Aladdin cuba melarikan diri
but the magician caught him
tetapi ahli sihir itu menangkapnya
and gave him a blow that knocked him down
dan memberinya pukulan yang menjatuhkannya
"What have I done, uncle?" he said, piteously
"Apa yang saya dah buat, pakcik?" dia berkata, kasihan
the magician said more kindly, "Fear nothing, but obey me"
ahli sihir itu berkata dengan lebih baik, "Jangan takut, tetapi taatlah kepadaku"
"Beneath this stone lies a treasure which is to be yours"

"Di bawah batu ini terdapat harta yang akan menjadi milikmu"
"and no one else may touch this treasure"
"dan tiada orang lain boleh menyentuh harta ini"
"so you must do exactly as I tell you"
"jadi awak mesti buat betul-betul seperti yang saya suruh"
At the mention of treasure Aladdin forgot his fears
Apabila menyebut harta karun Aladdin melupakan ketakutannya
he grasped the ring as he was told
dia menggenggam cincin itu seperti yang diberitahu
and he said the names of his father and grandfather
dan dia menyebut nama bapa dan datuknya
The stone came up quite easily
Batu itu timbul dengan mudah
and some steps appeared in front of them
dan beberapa langkah muncul di hadapan mereka
"Go down," said the magician
"Turunlah," kata ahli silap mata itu
"at the foot of those steps you will find an open door"
"di kaki tangga itu anda akan mendapati pintu terbuka"
"the door leads into three large halls"
"pintu menuju ke tiga dewan besar"
"Tuck up your gown and go through the halls"
"Selitkan gaun anda dan pergi ke dalam dewan"
"make sure not to touch anything"
"pastikan jangan sentuh apa-apa"
"if you touch anything, you will instantly die"
"Jika anda menyentuh apa-apa, anda akan mati serta-merta"
"These halls lead into a garden of fine fruit trees"
"Dewan ini menuju ke taman pokok buah-buahan yang baik"
"Walk on until you reach a gap in the terrace"
"Berjalanlah sehingga anda mencapai celah di teres"
"there you will see a lighted lamp"
"di sana anda akan melihat lampu yang menyala"
"Pour out the oil of the lamp"
"Tuangkan minyak lampu"

"and then bring me the lamp"
"dan kemudian bawakan saya lampu"
He drew a ring from his finger and gave it to Aladdin
Dia mengeluarkan cincin dari jarinya dan memberikannya kepada Aladdin
and he bid him to prosper
dan dia meminta dia untuk berjaya
Aladdin found everything as the magician had said
Aladdin menemui segala-galanya seperti yang dikatakan oleh ahli silap mata itu
he gathered some fruit off the trees
dia memungut beberapa buah dari pokok
and, having got the lamp, he arrived at the mouth of the cave
dan, setelah mendapat lampu, dia tiba di mulut gua
The magician cried out in a great hurry
Ahli sihir itu menjerit dengan tergesa-gesa
"Make haste and give me the lamp"
"Segera dan berikan saya lampu"
Aladdin refused to do this until he was out of the cave
Aladdin enggan melakukan ini sehingga dia keluar dari gua
The magician flew into a terrible rage
Ahli silap mata itu terbang ke dalam kemarahan yang dahsyat
he threw some more powder on to the fire
dia membaling serbuk lagi ke atas api
and then he cast another magic spell
dan kemudian dia melontar satu lagi mantra sihir
and the stone rolled back into its place
dan batu itu berguling kembali ke tempatnya
The magician left Persia for ever
Ahli sihir itu meninggalkan Parsi untuk selama-lamanya
this plainly showed that he was no uncle of Aladdin's
ini jelas menunjukkan bahawa dia bukan bapa saudara kepada Aladdin
what he really was was a cunning magician
yang sebenarnya adalah ahli silap mata yang licik
a magician who had read of a magic lamp
seorang ahli silap mata yang telah membaca lampu ajaib

a magic lamp which would make him the most powerful man in the world
lampu ajaib yang akan menjadikannya lelaki paling berkuasa di dunia
but he alone knew where to find the magic lamp
tetapi dia sahaja yang tahu di mana hendak mencari lampu ajaib itu
and he could only receive the magic lamp from the hand of another
dan dia hanya boleh menerima lampu ajaib itu dari tangan orang lain
He had picked out the foolish Aladdin for this purpose
Dia telah memilih Aladdin yang bodoh untuk tujuan ini
he had intended to get the magical lamp and kill him afterwards
dia berniat untuk mendapatkan lampu ajaib itu dan membunuhnya selepas itu
For two days Aladdin remained in the dark
Selama dua hari Aladdin kekal dalam kegelapan
he cried and lamented his situation
dia menangis dan meratapi keadaannya
At last he clasped his hands in prayer
Akhirnya dia menadah tangan berdoa
and in so doing he rubbed the ring
dan dengan berbuat demikian dia menggosok cincin itu
the magician had forgotten to take the ring back from him
ahli silap mata itu terlupa untuk mengambil semula cincin itu daripadanya
Immediately an enormous and frightful genie rose out of the earth
Serta merta seekor jin yang sangat besar dan menakutkan keluar dari bumi
"What would thou have me do?"
"Apa yang awak mahu saya lakukan?"
"I am the Slave of the Ring"
"Saya Hamba Cincin"
"and I will obey thee in all things"

"dan aku akan taat kepadamu dalam segala hal"
Aladdin fearlessly replied: "Deliver me from this place!"
Aladdin tanpa rasa takut menjawab: "Selamatkan saya dari tempat ini!"
and the earth opened above him
dan bumi terbuka di atasnya
and he found himself outside
dan dia mendapati dirinya di luar
As soon as his eyes could bear the light he went home
Sebaik matanya dapat menahan cahaya dia pulang ke rumah
but he fainted when he got there
tapi dia pengsan bila sampai sana
When he came to himself he told his mother what had happened
Apabila dia sedar dia memberitahu ibunya apa yang berlaku
and he showed her the lamp
dan dia menunjukkan kepadanya lampu itu
and he showed her the fruits he had gathered in the garden
dan dia menunjukkan kepadanya buah-buahan yang dia kumpulkan di taman
the fruits were, in reality, precious stones
buah-buahan itu, pada hakikatnya, batu berharga
He then asked for some food
Dia kemudian meminta sedikit makanan
"Alas! child," she said
"Aduhai! anak," katanya
"I have no food in the house"
"Saya tiada makanan di rumah"
"but I have spun a little cotton"
"tetapi saya telah memutar sedikit kapas"
"and I will go and sell the cotton"
"dan saya akan pergi dan menjual kapas itu"
Aladdin bade her keep her cotton
Aladdin menyuruhnya menyimpan kapasnya
he told her he would sell the magic lamp instead of the cotton
dia memberitahunya dia akan menjual lampu ajaib itu sebagai

ganti kapas
As it was very dirty she began to rub the magic lamp
Oleh kerana ia sangat kotor, dia mula menggosok lampu ajaib itu
a clean magic lamp might fetch a higher price
lampu ajaib yang bersih mungkin mendapat harga yang lebih tinggi
Instantly a hideous genie appeared
Serta-merta jin yang mengerikan muncul
he asked what she would like to have
dia bertanya apa yang dia ingin miliki
at the sight of the genie she fainted
apabila melihat jin itu dia pengsan
but Aladdin, snatching the magic lamp, said boldly:
tetapi Aladdin, merampas lampu ajaib, berkata dengan berani:
"Fetch me something to eat!"
"Ambilkan saya sesuatu untuk dimakan!"
The genie returned with a silver bowl
Jin itu kembali dengan membawa mangkuk perak
he had twelve silver plates containing rich meats
dia mempunyai dua belas pinggan perak yang mengandungi daging yang kaya
and he had two silver cups and two bottles of wine
dan dia mempunyai dua cawan perak dan dua botol wain
Aladdin's mother, when she came to herself, said:
Ibu Aladdin, apabila dia sedar, berkata:
"Whence comes this splendid feast?"
"Dari mana datangnya pesta yang indah ini?"
"Ask not where this food came from, but eat, mother," replied Aladdin
"Jangan tanya dari mana datangnya makanan ini, tetapi makanlah, ibu," jawab Aladdin
So they sat at breakfast till it was dinner-time
Jadi mereka duduk semasa sarapan sehingga waktu makan malam
and Aladdin told his mother about the magic lamp
dan Aladdin memberitahu ibunya tentang lampu ajaib itu

She begged him to sell the magic lamp
Dia merayu dia untuk menjual lampu ajaib itu
"let us have nothing to do with devils"
"jangan kita ada kaitan dengan syaitan"
but Aladdin had thought it would be wiser to use the magic lamp
tetapi Aladdin berpendapat adalah lebih bijak untuk menggunakan lampu ajaib itu
"chance hath made us aware of the magic lamp's virtues"
"Kesempatan telah menyedarkan kita tentang kebaikan lampu ajaib"
"we will use the magic lamp, and we will use the ring"
"Kami akan menggunakan lampu ajaib, dan kami akan menggunakan cincin itu"
"I shall always wear the ring on my finger"
"Saya akan sentiasa memakai cincin di jari saya"
When they had eaten all the genie had brought, Aladdin sold one of the silver plates
Apabila mereka telah memakan semua jin yang dibawa, Aladdin menjual salah satu pinggan perak
and when he needed money again he sold the next plate
dan apabila dia memerlukan wang lagi dia menjual pinggan seterusnya
he did this until no plates were left
dia melakukan ini sehingga tiada pinggan yang tinggal
He then made another wish to the genie
Dia kemudian membuat satu lagi hajat kepada jin tersebut
and the genie gave him another set of plates
dan jin itu memberinya satu set pinggan lagi
and in this way they lived for many years
dan dengan cara ini mereka hidup selama bertahun-tahun
One day Aladdin heard an order from the Sultan
Suatu hari Aladdin mendengar titah Sultan
everyone was to stay at home and close their shutters
semua orang perlu tinggal di rumah dan menutup bidai mereka
the Princess was going to and from her bath

Puteri sedang pergi dan balik mandi
Aladdin was seized by a desire to see her face
Aladdin dirampas oleh keinginan untuk melihat wajahnya
although it was very difficult to see her face
walaupun sangat sukar untuk melihat wajahnya
because everywhere she went she wore a veil
kerana ke mana sahaja dia pergi dia bertudung
He hid himself behind the door of the bath
Dia menyembunyikan dirinya di sebalik pintu bilik mandi
and he peeped through a chink in the door
dan dia mengintai melalui celah pintu
The Princess lifted her veil as she went in to the bath
Puteri mengangkat tudungnya semasa dia masuk ke bilik mandi
and she looked so beautiful that Aladdin instantly fell in love with her
dan dia kelihatan sangat cantik sehingga Aladdin serta-merta jatuh cinta kepadanya
He went home so changed that his mother was frightened
Dia pulang ke rumah dengan sangat berubah sehingga ibunya ketakutan
He told her he loved the Princess so deeply that he could not live without her
Dia memberitahunya bahawa dia sangat menyayangi Puteri sehingga dia tidak boleh hidup tanpanya
and he wanted to ask her in marriage of her father
dan dia ingin meminta dia berkahwin dengan bapanya
His mother, on hearing this, burst out laughing
Ibunya, mendengar ini, ketawa terbahak-bahak
but Aladdin finally convinced her to go to the Sultan
tetapi Aladdin akhirnya meyakinkannya untuk pergi menghadap Sultan
and she was going to carry his request
dan dia akan memenuhi permintaannya
She fetched a napkin and laid in it the magic fruits
Dia mengambil serbet dan meletakkan di dalamnya buah-buahan ajaib

the magic fruits from the enchanted garden
buah-buahan ajaib dari taman terpesona
the fruits sparkled and shone like the most beautiful jewels
buah-buahan berkilauan dan bersinar seperti permata yang paling indah
She took the magic fruits with her to please the Sultan
Dia membawa buah-buahan ajaib itu untuk menggembirakan Sultan
and she set out, trusting in the lamp
dan dia berangkat, percaya kepada lampu
The Grand Vizier and the lords of council had just gone into the palace
Wazir Besar dan tuan-tuan majlis baru sahaja masuk ke dalam istana
and she placed herself in front of the Sultan
dan dia meletakkan dirinya di hadapan Sultan
He, however, took no notice of her
Dia, bagaimanapun, tidak mengambil tahu tentang dia
She went every day for a week
Dia pergi setiap hari selama seminggu
and she stood in the same place
dan dia berdiri di tempat yang sama
When the council broke up on the sixth day the Sultan said to his Vizier:
Apabila majlis itu berpecah pada hari keenam, Sultan berkata kepada Wazirnya:
"I see a certain woman in the audience-chamber every day"
"Saya melihat seorang wanita tertentu di ruang penonton setiap hari"
"she is always carrying something in a napkin"
"dia sentiasa membawa sesuatu dalam serbet"
"Call her to come to us, next time"
"Panggil dia untuk datang kepada kami, lain kali"
"so that I may find out what she wants"
"supaya saya dapat mengetahui apa yang dia mahukan"
Next day the Vizier gave her a sign
Keesokan harinya Wazir memberinya tanda

she went up to the foot of the throne
dia naik ke kaki takhta
and she remained kneeling till the Sultan spoke to her
dan dia terus berlutut sehingga Sultan bercakap dengannya
"Rise, good woman, tell me what you want"
"Bangun, wanita yang baik, beritahu saya apa yang anda mahu"
She hesitated, so the Sultan sent away all but the Vizier
Dia teragak-agak, maka Sultan menghantar semua kecuali Wazir
and he bade her to speak frankly
dan dia menyuruhnya bercakap terus terang
and he promised to forgive her for anything she might say
dan dia berjanji untuk memaafkannya atas apa-apa yang dia katakan
She then told him of her son's great love for the Princess
Dia kemudian memberitahunya tentang kasih sayang yang besar anaknya kepada Puteri
"I prayed for him to forget her," she said
"Saya berdoa agar dia melupakannya," katanya
"but my prayers were in vain"
"tetapi doa saya sia-sia"
"he threatened to do some desperate deed if I refused to go"
"dia mengancam akan melakukan perbuatan terdesak jika saya enggan pergi"
"and so I ask your Majesty for the hand of the Princess"
"Jadi saya meminta Tuanku untuk tangan Puteri"
"but now I pray you to forgive me"
"tapi sekarang saya doakan awak maafkan saya"
"and I pray that you forgive my son Aladdin"
"dan saya berdoa agar awak memaafkan anak saya Aladdin"
The Sultan asked her kindly what she had in the napkin
Sultan bertanya kepadanya apa yang ada di dalam serbet itu
so she unfolded the napkin
jadi dia membuka lipatan napkin
and she presented the jewels to the Sultan
dan dia mempersembahkan permata kepada Sultan

He was thunderstruck by the beauty of the jewels
Dia terpesona dengan keindahan permata itu
and he turned to the Vizier and asked, "What sayest thou?"
dan dia berpaling kepada Wazir dan bertanya, "Apa yang kamu katakan?"
"Ought I not to bestow the Princess on one who values her at such a price?"
"Patutkah saya tidak mengurniakan Puteri kepada seseorang yang menghargainya dengan harga sedemikian?"
The Vizier wanted her for his own son
Wazir menginginkannya untuk anaknya sendiri
so he begged the Sultan to withhold her for three months
maka dia memohon kepada Sultan supaya menahannya selama tiga bulan
perhaps within the time his son would contrive to make a richer present
mungkin dalam masa anak lelakinya akan berusaha untuk membuat hadiah yang lebih kaya
The Sultan granted the wish of his Vizier
Sultan memperkenankan hasrat Wazirnya
and he told Aladdin's mother that he consented to the marriage
dan dia memberitahu ibu Aladdin bahawa dia bersetuju dengan perkahwinan itu
but she was not allowed appear before him again for three months
tetapi dia tidak dibenarkan hadir di hadapannya lagi selama tiga bulan
Aladdin waited patiently for nearly three months
Aladdin menunggu dengan sabar selama hampir tiga bulan
after two months had elapsed his mother went to go to the market
selepas dua bulan berlalu ibunya pergi ke pasar
she was going into the city to buy oil
dia pergi ke bandar untuk membeli minyak
when she got to the market she found every one rejoicing
apabila dia sampai ke pasar dia dapati setiap orang

bergembira
so she asked what was going on
jadi dia bertanya apa yang berlaku
"Do you not know?" was the answer
"Awak tak tahu ke?" adalah jawapannya
"the son of the Grand Vizier is to marry the Sultan's daughter tonight"
"Putera Wazir Besar akan mengahwini puteri Sultan malam ini"
Breathless, she ran and told Aladdin
Tercungap-cungap, dia berlari dan memberitahu Aladdin
at first Aladdin was overwhelmed
pada mulanya Aladdin terharu
but then he thought of the magic lamp and rubbed it
tetapi kemudian dia memikirkan lampu ajaib itu dan menggosoknya
once again the genie appeared out of the lamp
sekali lagi jin itu muncul dari pelita
"What is thy will?" asked the genie
"Apakah kehendakmu?" tanya jin itu
"The Sultan, as thou knowest, has broken his promise to me"
"Sultan, seperti yang kamu ketahui, telah memungkiri janjinya kepada saya"
"the Vizier's son is to have the Princess"
"anak Wazir akan mempunyai Puteri"
"My command is that tonight you bring the bride and bridegroom"
"Perintah saya ialah malam ini kamu membawa pengantin perempuan dan pengantin lelaki"
"Master, I obey," said the genie
"Cikgu, saya patuh," kata jin itu
Aladdin then went to his chamber
Aladdin kemudian pergi ke biliknya
sure enough, at midnight the genie transported a bed
yang pasti, tengah malam jin mengangkut katil
and the bed contained the Vizier's son and the Princess
dan katil itu mengandungi anak Wazir dan Puteri

"Take this new-married man, genie," he said
"Ambil lelaki yang baru berkahwin ini, jin," katanya
"put him outside in the cold for the night"
"letakkan dia di luar dalam kesejukan untuk malam"
"then return the couple again at daybreak"
"kemudian pulangkan pasangan itu semula pada waktu subuh"
So the genie took the Vizier's son out of bed
Maka jin itu mengeluarkan anak Wazir dari katil
and he left Aladdin with the Princess
dan dia meninggalkan Aladdin bersama Puteri
"Fear nothing," Aladdin said to her, "you are my wife"
"Jangan takut," kata Aladdin kepadanya, "anda adalah isteri saya"
"you were promised to me by your unjust father"
"anda telah dijanjikan kepada saya oleh bapa anda yang zalim"
"and no harm shall come to you"
"dan tiada bahaya akan menimpa kamu"
The Princess was too frightened to speak
Puteri terlalu takut untuk bercakap
and she passed the most miserable night of her life
dan dia melalui malam yang paling menyedihkan dalam hidupnya
although Aladdin lay down beside her and slept soundly
walaupun Aladdin baring di sebelahnya dan tidur nyenyak
At the appointed hour the genie fetched in the shivering bridegroom
Pada waktu yang ditetapkan jin itu mengambil pengantin lelaki yang menggigil
he laid him in his place
dia meletakkannya di tempatnya
and he transported the bed back to the palace
dan dia mengangkut katil itu kembali ke istana
Presently the Sultan came to wish his daughter good-morning
Pada masa ini Sultan datang untuk mengucapkan selamat

pagi kepada puterinya
The unhappy Vizier's son jumped up and hid himself
Anak Wazir yang tidak berpuas hati melompat dan menyembunyikan diri
and the Princess would not say a word
dan Puteri tidak akan berkata apa-apa
and she was very sorrowful
dan dia sangat sedih
The Sultan sent her mother to her
Sultan menghantar ibunya kepadanya
"Why will you not speak to your father, child?"
"Mengapa anda tidak bercakap dengan bapa anda, anak?"
"What has happened?" she asked
"Apa yang telah berlaku?" dia bertanya
The Princess sighed deeply
Puteri mengeluh dalam-dalam
and at last she told her mother what had happened
dan akhirnya dia memberitahu ibunya apa yang telah berlaku
she told her how the bed had been carried into some strange house
dia memberitahunya bagaimana katil itu telah dibawa masuk ke dalam rumah yang pelik
and she told of what had happened in the house
dan dia menceritakan apa yang berlaku di dalam rumah itu
Her mother did not believe her in the least
Ibunya sedikit pun tidak mempercayainya
and she bade her to consider it an idle dream
dan dia memintanya untuk menganggapnya sebagai mimpi terbiar
The following night exactly the same thing happened
Malam berikutnya perkara yang sama berlaku
and the next morning the princess wouldn't speak either
dan keesokan paginya puteri tidak akan bercakap juga
on the Princess's refusal to speak, the Sultan threatened to cut off her head
atas keengganan Puteri bercakap, Sultan mengugut untuk memenggal kepalanya

She then confessed all that had happened
Dia kemudian mengaku semua yang telah berlaku
and she bid him to ask the Vizier's son
dan dia menyuruhnya bertanya kepada anak Wazir
The Sultan told the Vizier to ask his son
Sultan menyuruh Wazir bertanya kepada anaknya
and the Vizier's son told the truth
dan anak Wazir berkata benar
he added that he dearly loved the Princess
tambahnya lagi dia amat menyayangi Puteri itu
"but I would rather die than go through another such fearful night"
"tetapi saya lebih rela mati daripada melalui satu lagi malam yang menakutkan"
and he wished to be separated from her, which was granted
dan dia ingin dipisahkan daripadanya, yang telah diberikan
and then there was an end to the feasting and rejoicing
dan kemudiannya berakhirlah pesta dan kegembiraan
then the three months were over
maka tamatlah tiga bulan itu
Aladdin sent his mother to remind the Sultan of his promise
Aladdin menghantar ibunya untuk mengingatkan Sultan akan janjinya
She stood in the same place as before
Dia berdiri di tempat yang sama seperti tadi
the Sultan had forgotten Aladdin
Sultan telah melupakan Aladdin
but at once he remembered him again
tetapi sekali gus dia teringat kepadanya semula
and he asked for her to come to him
dan dia meminta dia datang kepadanya
On seeing her poverty the Sultan felt less inclined than ever to keep his word
Apabila melihat kemiskinannya, Sultan berasa kurang cenderung untuk menepati janjinya
and he asked his Vizier's advice
dan dia meminta nasihat Wazirnya

he counselled him to set a high value on the Princess
dia menasihatinya supaya meletakkan nilai yang tinggi kepada Puteri
a price so high that no man alive could come afford her
harga yang sangat tinggi sehinggakan tiada lelaki yang hidup mampu membelinya
The Sultan then turned to Aladdin's mother, saying:
Sultan kemudian berpaling kepada ibu Aladdin, berkata:
"Good woman, a Sultan must remember his promises"
"Wanita yang baik, seorang Sultan mesti ingat janjinya"
"and I will remember my promise"
"dan saya akan ingat janji saya"
"but your son must first send me forty basins of gold"
"tetapi anakanda mesti menghantar saya empat puluh besen emas"
"and the gold basins must be full of jewels"
"dan bejana emas mesti penuh dengan permata"
"and they must be carried by forty black camels"
"dan mereka mesti dibawa oleh empat puluh unta hitam"
"and in front of each black camel there is to be a white camel"
"dan di hadapan setiap unta hitam ada unta putih"
"and all the camels are to be splendidly dressed"
"dan semua unta hendaklah berpakaian indah"
"Tell him that I await his answer"
"Beritahu dia bahawa saya menunggu jawapannya"
The mother of Aladdin bowed low
Ibu kepada Aladdin tunduk rendah
and then she went home
dan kemudian dia pulang ke rumah
although she thought all was lost
walaupun dia fikir semuanya hilang
She gave Aladdin the message
Dia memberi mesej kepada Aladdin
and she added, "He may wait long enough for your answer!"
dan dia menambah, "Dia mungkin menunggu cukup lama untuk jawapan anda!"

"Not so long as you think, mother," her son replied
"Tidak selama yang anda fikirkan, ibu," jawab anaknya
"I would do a great deal more than that for the Princess"
"Saya akan melakukan lebih daripada itu untuk Puteri"
and he summoned the genie again
dan dia memanggil jin itu semula
and in a few moments the eighty camels arrived
dan dalam beberapa saat datang lapan puluh ekor unta
and they took up all space in the small house and garden
dan mereka mengambil semua ruang di rumah kecil dan taman itu
Aladdin made the camels set out to the palace
Aladdin menyuruh unta pergi ke istana
and the camels were followed by his mother
dan unta itu diikuti oleh ibunya
The camels were very richly dressed
Unta-unta itu berpakaian sangat mewah
and splendid jewels were on the girdles of the camels
dan permata-permata yang indah ada pada ikat pinggang unta
and everyone crowded around to see the camels
dan semua orang berkerumun untuk melihat unta
and they saw the basins of gold the camels carried on their backs
dan mereka melihat bejana emas yang dibawa oleh unta di atas punggung mereka
They entered the palace of the Sultan
Mereka memasuki istana Sultan
and the camels kneeled before him in a semi circle
dan unta berlutut di hadapannya dalam setengah bulatan
and Aladdin's mother presented the camels to the Sultan
dan ibu Aladdin menghadiahkan unta kepada Sultan
He hesitated no longer, but said:
Dia tidak teragak-agak lagi, tetapi berkata:
"Good woman, return to your son"
"Wanita yang baik, kembali kepada anakmu"
"tell him that I wait for him with open arms"

"katakan kepadanya bahawa saya menunggunya dengan tangan terbuka"
She lost no time in telling Aladdin
Dia tidak membuang masa untuk memberitahu Aladdin
and she bid him to make haste
dan dia memintanya untuk tergesa-gesa
But Aladdin first called for the genie
Tetapi Aladdin terlebih dahulu memanggil jin itu
"I want a scented bath," he said
"Saya mahu mandi wangi," katanya
"and I want a horse more beautiful than the Sultan's"
"dan saya mahukan kuda yang lebih cantik daripada Sultan"
"and I want twenty servants to attend to me"
"dan saya ingin dua puluh orang hamba untuk melayani saya"
"and I also want six beautifully dressed servants to wait on my mother"
"dan saya juga mahu enam orang hamba yang berpakaian cantik menunggu ibu saya"
"and lastly, I want ten thousand pieces of gold in ten purses"
"dan akhir sekali, saya mahu sepuluh ribu keping emas dalam sepuluh dompet"
No sooner had he said what he wanted and it was done
Tidak lama kemudian dia berkata apa yang dia mahu dan ia telah dilakukan
Aladdin mounted his beautiful horse
Aladdin menunggang kudanya yang cantik
and he passed through the streets
dan dia melalui jalan-jalan
the servants cast gold into the crowd as they went
hamba-hamba itu melemparkan emas kepada orang ramai semasa mereka pergi
Those who had played with him in his childhood knew him not
Mereka yang telah bermain dengannya pada zaman kanak-kanaknya tidak mengenalinya
he had grown very handsome
dia telah menjadi sangat kacak

When the Sultan saw him he came down from his throne
Apabila Sultan melihatnya, dia turun dari takhtanya
he embraced his new son-in-law with open arms
dia memeluk menantu barunya dengan tangan terbuka
and he led him into a hall where a feast was spread
dan dia membawanya ke dalam sebuah dewan tempat pesta diadakan
he intended to marry him to the Princess that very day
dia berniat untuk mengahwinkannya dengan Puteri pada hari itu juga
But Aladdin refused to marry straight away
Tetapi Aladdin enggan berkahwin terus
"first I must build a palace fit for the princess"
"Pertama saya mesti membina istana yang sesuai untuk puteri"
and then he took his leave
dan kemudian dia mengambil cuti
Once home, he said to the genie:
Sesampai di rumah, dia berkata kepada jin itu:
"Build me a palace of the finest marble"
"Binalah saya sebuah istana daripada marmar terbaik"
"set the palace with jasper, agate, and other precious stones"
"tetapkan istana dengan batu yaspis, akik, dan batu permata lain"
"In the middle of the palace you shall build me a large hall with a dome"
"Di tengah-tengah istana kamu hendaklah membina sebuah dewan besar dengan kubah"
"the four walls of the hall will be of masses of gold and silver"
"Empat dinding dewan itu akan berjisim emas dan perak"
"and each wall will have six windows"
"dan setiap dinding akan mempunyai enam tingkap"
"and the lattices of the windows will be set with precious jewels"
"dan kisi-kisi tingkap akan dipasang dengan permata yang berharga"

"but there must be one window that is not decorated"
"tetapi mesti ada satu tingkap yang tidak dihias"
"go see that it gets done!"
"pergi lihat bahawa ia akan selesai!"
The palace was finished by the next day
Istana itu telah siap pada keesokan harinya
the genie carried him to the new palace
jin itu membawanya ke istana baru
and he showed him how all his orders had been faithfully carried out
dan dia menunjukkan kepadanya bagaimana semua perintahnya telah dilaksanakan dengan setia
even a velvet carpet had been laid from Aladdin's palace to the Sultan's
malah permaidani baldu telah dibentangkan dari istana Aladdin kepada Sultan
Aladdin's mother then dressed herself carefully
Ibu Aladdin kemudiannya berpakaian rapi
and she walked to the palace with her servants
dan dia berjalan ke istana dengan hamba-hambanya
and Aladdin followed her on horseback
dan Aladdin mengikutinya dengan menunggang kuda
The Sultan sent musicians with trumpets and cymbals to meet them
Sultan menghantar pemuzik dengan sangkakala dan simbal untuk menemui mereka
so the air resounded with music and cheers
jadi udara bergema dengan muzik dan sorakan
She was taken to the Princess, who saluted her
Dia dibawa ke Puteri, yang memberi hormat kepadanya
and she treated her with great honour
dan dia memperlakukannya dengan penuh penghormatan
At night the Princess said good-bye to her father
Pada waktu malam Puteri mengucapkan selamat tinggal kepada ayahnya
and she set out on the carpet for Aladdin's palace
dan dia berangkat ke atas permaidani ke istana Aladdin

his mother was at her side
ibunya berada di sisinya
and they were followed by their entourage of servants
dan mereka diikuti oleh rombongan hamba mereka
She was charmed at the sight of Aladdin
Dia terpesona melihat Aladdin
and Aladdin ran to receive her into the palace
dan Aladdin berlari untuk menerimanya ke dalam istana
"Princess," he said, "blame your beauty for my boldness"
"Puteri," katanya, "salahkan kecantikan anda kerana keberanian saya"
"I hope I have not displeased you"
"Saya harap saya tidak marahkan awak"
she said she willingly obeyed her father in this matter
dia berkata dia dengan rela hati menurut bapanya dalam perkara ini
because she had seen that he is handsome
kerana dia telah melihat bahawa dia adalah kacak
After the wedding had taken place Aladdin led her into the hall
Selepas perkahwinan itu berlangsung, Aladdin membawanya ke dalam dewan
a great feast was spread out in the hall
satu jamuan besar telah dibentangkan di dalam dewan
and she supped with him
dan dia makan malam dengan dia
after eating they danced till midnight
selepas makan mereka menari hingga tengah malam
The next day Aladdin invited the Sultan to see the palace
Keesokan harinya Aladdin menjemput Sultan untuk melihat istana
they entered the hall with the four-and-twenty windows
mereka memasuki dewan dengan tingkap empat dan dua puluh
the windows were decorated with rubies, diamonds, and emeralds
tingkap dihiasi dengan delima, berlian, dan zamrud

he cried, "The palace is one of the wonders of the world!"
dia berseru, "Istana adalah salah satu keajaiban dunia!"
"There is only one thing that surprises me"
"Hanya ada satu perkara yang mengejutkan saya"
"Was it by accident that one window was left unfinished?"
"Adakah secara tidak sengaja satu tingkap terbiar belum siap?"
"No, sir, it was done so by design," replied Aladdin
"Tidak, tuan, ia dilakukan secara reka bentuk," jawab Aladdin
"I wished your Majesty to have the glory of finishing this palace"
"Saya berharap Tuanku mendapat kemuliaan untuk menyelesaikan istana ini"
The Sultan was pleased to be given this honour
Sultan berkenan diberi penghormatan ini
and he sent for the best jewellers in the city
dan dia menghantar kepada tukang emas yang terbaik di bandar itu
He showed them the unfinished window
Dia menunjukkan tingkap yang belum siap
and he bade them to decorate the window like the others
dan dia menyuruh mereka menghias tingkap seperti yang lain
"Sir," replied their spokesman
"Tuan," jawab jurucakap mereka
"we cannot find enough jewels"
"kami tidak dapat mencari permata yang mencukupi"
so the Sultan had his own jewels fetched
maka Sultan telah mengambil permatanya sendiri
but those jewels were soon used up too
tetapi permata itu tidak lama kemudian digunakan juga
even after a month's time the work was not half done
walaupun selepas sebulan kerja itu belum siap separuh
Aladdin knew that their task was impossible
Aladdin tahu bahawa tugas mereka adalah mustahil
he bade them to undo their work
dia menyuruh mereka membatalkan kerja mereka
and he bade them to carry the jewels back

dan dia menyuruh mereka membawa kembali permata itu
the genie finished the window at his command
jin itu menghabiskan tingkap atas arahannya
The Sultan was surprised to receive his jewels again
Sultan terkejut menerima permatanya semula
he visited Aladdin, who showed him the finished window
dia melawat Aladdin, yang menunjukkan kepadanya tingkap yang telah siap
and the Sultan embraced his son in law
dan Sultan memeluk menantunya
meanwhile, the envious Vizier suspected the work of enchantment
sementara itu, Wazir yang iri hati mengesyaki kerja sihir
Aladdin had won the hearts of the people by his gentle manner
Aladdin telah memenangi hati orang ramai dengan sikap lembutnya
He was made captain of the Sultan's armies
Dia dijadikan kapten tentera Sultan
and he won several battles for his army
dan dia memenangi beberapa pertempuran untuk tenteranya
but he remained as modest and courteous as before
tetapi dia tetap bersederhana dan berbudi bahasa seperti dahulu
in this way he lived in peace and content for several years
dengan cara ini dia hidup dengan aman dan puas selama beberapa tahun
But far away in Africa the magician remembered Aladdin
Tetapi jauh di Afrika ahli silap mata teringat Aladdin
and by his magic arts he discovered Aladdin hadn't perished in the cave
dan dengan ilmu sihirnya dia mendapati Aladdin tidak terkorban di dalam gua itu
but instead of perishing, he had escaped and married the princess
tetapi daripada binasa, dia telah melarikan diri dan berkahwin dengan puteri itu

and now he was living in great honour and wealth
dan sekarang dia hidup dalam kehormatan dan kekayaan yang besar
He knew that the poor tailor's son could only have accomplished this by means of the magic lamp
Dia tahu bahawa anak tukang jahit yang malang itu hanya boleh melakukannya dengan menggunakan lampu ajaib
and he travelled night and day until he reached the city
dan dia berjalan siang dan malam sehingga dia sampai ke kota
he was bent on making sure of Aladdin's ruin
dia bertekad untuk memastikan kehancuran Aladdin
As he passed through the town he heard people talking
Semasa dia melalui bandar dia mendengar orang bercakap
all they could talk about was the marvellous palace
mereka hanya boleh bercakap tentang istana yang mengagumkan
"Forgive my ignorance," he asked
"Maafkan kejahilan saya," pintanya
"what is this palace you speak of?"
"istana apa yang awak cakap ni?"
"Have you not heard of Prince Aladdin's palace?" was the reply
"Apakah kamu tidak pernah mendengar tentang istana Putera Aladdin?" adalah jawapannya
"the palace is one of the greatest wonders of the world"
"istana adalah salah satu keajaiban terbesar di dunia"
"I will direct you to the palace, if you would like to see it"
"Saya akan mengarahkan anda ke istana, jika anda ingin melihatnya"
The magician thanked him for bringing him to the palace
Ahli sihir itu mengucapkan terima kasih kerana membawanya ke istana
and having seen the palace, he knew that it had been built by the Genie of the Lamp
dan setelah melihat istana, dia tahu bahawa ia telah dibina oleh Jin Pelita
this made him half mad with rage

ini membuatkan dia separuh marah kerana geram
He was determined to get hold of the magic lamp
Dia bertekad untuk memegang lampu ajaib itu
and he was going to plunge Aladdin into the deepest poverty again
dan dia akan menjerumuskan Aladdin ke dalam kemiskinan terdalam sekali lagi
Unluckily, Aladdin had gone on a hunting trip for eight days
Malangnya, Aladdin telah pergi memburu selama lapan hari
this gave the magician plenty of time
ini memberi ahli silap mata banyak masa
He bought a dozen copper lamps
Dia membeli sedozen lampu tembaga
and he put the copper lamps into a basket
dan dia meletakkan pelita tembaga itu ke dalam bakul
and then he went to the palace
dan kemudian dia pergi ke istana
"New lamps for old lamps!" he exclaimed
"Lampu baru untuk lampu lama!" dia berseru
and he was followed by a jeering crowd
dan dia diikuti oleh orang ramai yang mengejek
The Princess was sitting in the hall of four-and-twenty windows
Puteri sedang duduk di dewan tingkap empat dan dua puluh
she sent a servant to find out what the noise was about
dia menghantar seorang hamba untuk mengetahui tentang apa bunyi itu
the servant came back laughing so much that the Princess scolded her
hamba itu kembali ketawa sehinggakan Puteri memarahinya
"Madam," replied the servant
"Puan," jawab pelayan itu
"who can help but laughing when you see such a thing?"
"siapa yang boleh menahan ketawa apabila anda melihat perkara sedemikian?"
"an old fool is offering to exchange fine new lamps for old

lamps"
"Orang bodoh tua menawarkan untuk menukar lampu baru yang baik dengan lampu lama"
Another servant, hearing this, spoke up
Seorang hamba lain, mendengar ini, bersuara
"There is an old lamp on the cornice which he can have"
"Terdapat lampu lama di atas cornice yang boleh dia miliki"
this, of course, was the magic lamp
ini, sudah tentu, adalah lampu ajaib
Aladdin had left the magic lamp there, as he could not take it with him
Aladdin telah meninggalkan lampu ajaib itu di sana, kerana dia tidak boleh membawanya bersamanya
The Princess didn't know know the lamp's value
Puteri tidak tahu nilai lampu itu
laughingly, she bade the servant to exchange the magic lamp
sambil ketawa, dia menyuruh hamba untuk menukar lampu ajaib
the servant took the lamp to the magician
hamba membawa pelita itu kepada ahli sihir
"Give me a new lamp for this lamp," she said
"Beri saya lampu baru untuk lampu ini," katanya
He snatched the lamp and bade the servant to pick another lamp
Dia merampas lampu itu dan menyuruh hamba itu memilih pelita lain
and the entire crowd jeered at the sight
dan seluruh orang ramai mengejek melihat pemandangan itu
but the magician cared little for the crowd
tetapi ahli silap mata itu tidak mempedulikan orang ramai
he left the crowd with the magic lamp he had set out to get
dia meninggalkan orang ramai dengan lampu ajaib yang dia ingin dapatkan
and he went out of the city gates to a lonely place
dan dia keluar dari pintu gerbang kota ke tempat yang sunyi
there he remained till nightfall
di sana dia tinggal sehingga malam

and at nightfall he pulled out the magic lamp and rubbed it
dan pada waktu malam dia menarik lampu ajaib dan menggosoknya
The genie appeared to the magician
Jin itu menampakkan diri kepada ahli sihir
and the magician made his command to the genie
dan ahli sihir itu memberi perintah kepada jin itu
"carry me, the princess, and the palace to a lonely place in Africa"
"bawa saya, puteri, dan istana ke tempat yang sunyi di Afrika"
Next morning the Sultan looked out of the window toward Aladdin's palace
Keesokan paginya Sultan memandang ke luar tingkap ke arah istana Aladdin
and he rubbed his eyes when he saw the palace was gone
dan dia menggosok matanya apabila dia melihat istana itu sudah tiada
He sent for the Vizier and asked what had become of the palace
Dia memanggil Wazir dan bertanya apa jadi dengan istana
The Vizier looked out too, and was lost in astonishment
Wazir melihat keluar juga, dan tersesat dalam kehairanan
He again put the events down to enchantment
Dia sekali lagi meletakkan peristiwa itu sebagai pesona
and this time the Sultan believed him
dan kali ini Sultan mempercayainya
he sent thirty men on horseback to fetch Aladdin in chains
dia menghantar tiga puluh orang menunggang kuda untuk mengambil Aladdin dalam rantai
They met him riding home
Mereka bertemu dengannya ketika pulang
they bound him and forced him to go with them on foot
mereka mengikatnya dan memaksanya pergi bersama mereka dengan berjalan kaki
The people, however, who loved him, followed them to the palace
Orang ramai, bagaimanapun, yang mencintainya, mengikuti

mereka ke istana
they would make sure that he came to no harm
mereka akan memastikan bahawa dia tidak mendatangkan bahaya
He was carried before the Sultan
Dia dibawa menghadap Sultan
and the Sultan ordered the executioner to cut off his head
dan Sultan memerintahkan algojo memenggal kepalanya
The executioner made Aladdin kneel down before a block of wood
Algojo membuat Aladdin berlutut di hadapan bongkah kayu
he bandaged his eyes so that he could not see
dia membalut matanya supaya dia tidak dapat melihat
and he raised his scimitar to strike
dan dia mengangkat pedangnya untuk menyerang
At that instant the Vizier saw the crowd had forced their way into the courtyard
Pada ketika itu Wazir melihat orang ramai telah memaksa masuk ke halaman
they were scaling the walls to rescue Aladdin
mereka memanjat dinding untuk menyelamatkan Aladdin
so he called to the executioner to halt
jadi dia memanggil algojo untuk berhenti
The people, indeed, looked so threatening that the Sultan gave way
Rakyat, sememangnya, kelihatan begitu mengancam sehinggakan Sultan mengalah
and he ordered Aladdin to be unbound
dan dia mengarahkan Aladdin dilepaskan
he pardoned him in the sight of the crowd
dia memaafkannya di hadapan orang ramai
Aladdin now begged to know what he had done
Aladdin kini memohon untuk mengetahui apa yang telah dia lakukan
"False wretch!" said the Sultan, "come thither"
"Celaka palsu!" kata Sultan, "marilah"
he showed him from the window the place where his palace

had stood
dia menunjukkan kepadanya dari tingkap tempat di mana istananya berdiri
Aladdin was so amazed that he could not say a word
Aladdin sangat kagum sehingga dia tidak dapat berkata apa-apa
"Where are my palace and my daughter?" demanded the Sultan
"Di manakah istana saya dan anak perempuan saya?" menuntut Sultan
"For the palace I am not so deeply concerned"
"Untuk istana saya tidak begitu prihatin"
"but my daughter I must have"
"tetapi anak perempuan saya mesti ada"
"and you must find her, or lose your head"
"dan anda mesti mencari dia, atau kehilangan kepala anda"
Aladdin begged to be granted forty days in which to find her
Aladdin memohon agar diberikan empat puluh hari untuk mencarinya
he promised that if he failed he would return
dia berjanji jika dia gagal dia akan kembali
and on his return he would suffer death at the Sultan's pleasure
dan sekembalinya dia akan mengalami kematian atas keredaan Sultan
His prayer was granted by the Sultan
Doanya dimakbulkan oleh Sultan
and he went forth sadly from the Sultan's presence
dan dia pergi dengan sedih dari hadapan Sultan
For three days he wandered about like a madman
Selama tiga hari dia merayau-rayau seperti orang gila
he asked everyone what had become of his palace
dia bertanya kepada semua orang apa sudah jadi dengan istananya
but they only laughed and pitied him
tetapi mereka hanya ketawa dan kasihan kepadanya

He came to the banks of a river
Dia datang ke tebing sungai
he knelt down to say his prayers before throwing himself in
dia melutut untuk membaca doanya sebelum melemparkan dirinya ke dalam
In so doing he rubbed the magic ring he still wore
Dengan berbuat demikian dia menggosok cincin ajaib yang masih dipakainya
The genie he had seen in the cave appeared
Jin yang dilihatnya di dalam gua itu muncul
and he asked him what his will was
dan dia bertanya kepadanya apa kehendaknya
"Save my life, genie," said Aladdin
"Selamatkan nyawa saya, jin," kata Aladdin
"bring my palace back"
"bawa balik istanaku"
"That is not in my power," said the genie
"Itu bukan dalam kuasa saya," kata jin itu
"I am only the Slave of the Ring"
"Saya hanya Hamba Cincin"
"you must ask him for the magic lamp"
"anda mesti meminta dia untuk lampu ajaib"
"that might be true," said Aladdin
"Itu mungkin benar," kata Aladdin
"but thou canst take me to the palace"
"tetapi awak boleh bawa saya ke istana"
"set me down under my dear wife's window"
"letakkan saya di bawah tingkap isteri tersayang"
He at once found himself in Africa
Dia segera mendapati dirinya berada di Afrika
he was under the window of the Princess
dia berada di bawah tingkap Puteri
and he fell asleep out of sheer weariness
dan dia tertidur kerana keletihan
He was awakened by the singing of the birds
Dia dikejutkan oleh nyanyian burung
and his heart was lighter than it was before

dan hatinya lebih ringan daripada sebelumnya
He saw that all his misfortunes were due to the loss of the magic lamp
Dia melihat bahawa semua nasib malangnya adalah kerana kehilangan lampu ajaib itu
and he vainly wondered who had robbed him of his magic lamp
dan dia dengan sia-sia tertanya-tanya siapa yang telah merompak lampu ajaibnya
That morning the Princess rose earlier than she normally
Pagi itu Puteri bangun lebih awal daripada kebiasaannya
once a day she was forced to endure the magicians company
sekali sehari dia terpaksa bertahan dengan syarikat ahli silap mata
She, however, treated him very harshly
Dia, bagaimanapun, melayannya dengan sangat kasar
so he dared not live with her in the palace
jadi dia tidak berani tinggal bersamanya di istana
As she was dressing, one of her women looked out and saw Aladdin
Semasa dia berpakaian, salah seorang wanitanya melihat keluar dan melihat Aladdin
The Princess ran and opened the window
Puteri berlari dan membuka tingkap
at the noise she made Aladdin looked up
pada bunyi yang dia buat Aladdin mendongak
She called to him to come to her
Dia memanggilnya untuk datang kepadanya
it was a great joy for the lovers to see each other again
ia adalah satu kegembiraan yang besar untuk kekasih untuk berjumpa lagi
After he had kissed her Aladdin said:
Selepas dia menciumnya Aladdin berkata:
"I beg of you, Princess, in God's name"
"Saya mohon padamu, Puteri, dengan nama Tuhan"
"before we speak of anything else"
"sebelum kita bercakap tentang perkara lain"

"for your own sake and mine"
"demi awak dan saya"
"tell me what has become of the old lamp"
"beritahu saya apa yang telah terjadi dengan lampu lama"
"I left the lamp on the cornice in the hall of four-and-twenty windows"
"Saya meninggalkan lampu di atas cornice di dalam dewan empat dan dua puluh tingkap"
"Alas!" she said, "I am the innocent cause of our sorrows"
"Aduhai!" dia berkata, "Saya adalah penyebab kesedihan kami yang tidak bersalah"
and she told him of the exchange of the magic lamp
dan dia memberitahunya tentang pertukaran lampu ajaib itu
"Now I know," cried Aladdin
"Sekarang saya tahu," jerit Aladdin
"we have to thank the magician for this!"
"kita perlu berterima kasih kepada ahli silap mata untuk ini!"
"Where is the magic lamp?"
"Di mana lampu ajaib?"
"He carries the lamp about with him," said the Princess
"Dia membawa pelita bersamanya," kata Puteri
"I know he carries the lamp with him"
"Saya tahu dia membawa lampu bersamanya"
"because he pulled the lamp out of his breast pocket to show me"
"kerana dia mengeluarkan lampu dari poket dadanya untuk menunjukkan kepada saya"
"and he wishes me to break my faith with you and marry him"
"dan dia ingin saya memutuskan kepercayaan saya dengan awak dan berkahwin dengannya"
"and he said you were beheaded by my father's command"
"dan dia berkata kamu telah dipenggal atas perintah ayahku"
"He is always speaking ill of you"
"Dia selalu bercakap buruk tentang awak"
"but I only reply with my tears"
"tetapi saya hanya membalas dengan air mata saya"

"If I can persist, I doubt not"
"Jika saya boleh bertahan, saya tidak ragu-ragu"
but he will use violence
"tetapi dia akan menggunakan kekerasan"
Aladdin comforted his wife
Aladdin menghiburkan isterinya
and he left her for a while
dan dia meninggalkannya untuk seketika
He changed clothes with the first person he met in town
Dia menukar pakaian dengan orang pertama yang ditemuinya di bandar
and having bought a certain powder, he returned to the Princess
dan setelah membeli serbuk tertentu, dia kembali kepada Puteri
the Princess let him in by a little side door
Puteri membenarkan dia masuk melalui pintu tepi kecil
"Put on your most beautiful dress," he said to her
"Pakai pakaian anda yang paling cantik," katanya kepadanya
"receive the magician with smiles today"
"terima ahli silap mata dengan senyuman hari ini"
"lead him to believe that you have forgotten me"
"bawa dia percaya bahawa awak telah melupakan saya"
"Invite him to sup with you"
"Jemput dia makan bersama kamu"
"and tell him you wish to taste the wine of his country"
"dan beritahu dia anda ingin merasai wain negaranya"
"He will be gone for some time"
"Dia akan pergi untuk beberapa waktu"
"while he is gone I will tell you what to do"
"sementara dia tiada saya akan memberitahu anda apa yang perlu dilakukan"
She listened carefully to Aladdin
Dia mendengar dengan teliti Aladdin
and when he left she arrayed herself beautifully
dan apabila dia pergi dia berpakaian cantik
she hadn't dressed like this since she had left her city

dia tidak berpakaian seperti ini sejak dia meninggalkan bandarnya

She put on a girdle and head-dress of diamonds
Dia memakai ikat pinggang dan hiasan kepala berlian

she was more beautiful than ever
dia lebih cantik dari sebelumnya

and she received the magician with a smile
dan dia menerima ahli silap mata itu dengan senyuman

"I have made up my mind that Aladdin is dead"
"Saya telah membuat keputusan bahawa Aladdin sudah mati"

"my tears will not bring him back to me"
"air mata saya tidak akan membawa dia kembali kepada saya"

"so I am resolved to mourn no more"
"jadi saya berazam untuk tidak berkabung lagi"

"therefore I invite you to sup with me"
"Oleh itu saya menjemput anda untuk makan bersama saya"

"but I am tired of the wines we have"
"tetapi saya bosan dengan wain yang kita ada"

"I would like to taste the wines of Africa"
"Saya ingin merasai wain Afrika"

The magician ran to his cellar
Ahli silap mata itu berlari ke bilik bawah tanahnya

and the Princess put the powder Aladdin had given her in her cup
dan Puteri meletakkan serbuk yang diberikan Aladdin ke dalam cawannya

When he returned she asked him to drink to her health
Apabila dia kembali dia memintanya minum untuk kesihatannya

and she handed him her cup in exchange for his
dan dia menyerahkan pialanya kepadanya sebagai gantinya

this was done as a sign to show she was reconciled to him
ini dilakukan sebagai tanda untuk menunjukkan dia telah berdamai dengannya

Before drinking the magician made her a speech
Sebelum minum ahli silap mata membuat ucapannya

he wanted to praise her beauty

dia mahu memuji kecantikannya
but the Princess cut him short
tetapi Puteri memotongnya
"Let us drink first"
"Jom kita minum dulu"
"and you shall say what you will afterwards"
"dan kamu hendaklah berkata apa yang kamu mahu selepas itu"
She set her cup to her lips and kept it there
Dia meletakkan cawannya ke bibirnya dan menyimpannya di sana
the magician drained his cup to the dregs
ahli silap mata itu mengalirkan cawannya ke hampas
and upon finishing his drink he fell back lifeless
dan setelah menghabiskan minumannya dia jatuh kembali tidak bernyawa
The Princess then opened the door to Aladdin
Puteri kemudian membuka pintu kepada Aladdin
and she flung her arms round his neck
dan dia merangkul lengannya di lehernya
but Aladdin asked her to leave him
tetapi Aladdin memintanya untuk meninggalkannya
there was still more to be done
masih ada lagi yang perlu dilakukan
He then went to the dead magician
Dia kemudian pergi kepada ahli silap mata yang mati
and he took the lamp out of his vest
dan dia mengeluarkan lampu dari jubahnya
he bade the genie to carry the palace back
dia menyuruh jin itu membawa istana itu kembali
the Princess in her chamber only felt two little shocks
Puteri di dalam biliknya hanya merasakan dua kejutan kecil
in little time she was at home again
dalam masa yang singkat dia berada di rumah semula
The Sultan was sitting on his balcony
Sultan sedang duduk di balkoninya
he was mourning for his lost daughter

dia sedang berkabung untuk anak perempuannya yang hilang
he looked up and had to rub his eyes again
dia mendongak dan terpaksa menggosok matanya semula
the palace stood there as it had before
istana berdiri di situ seperti dahulu
He hastened over to the palace to see his daughter
Dia bergegas ke istana untuk melihat anak perempuannya
Aladdin received him in the hall of the palace
Aladdin menerimanya di dewan istana
and the princess was at his side
dan puteri berada di sisinya
Aladdin told him what had happened
Aladdin memberitahunya apa yang telah berlaku
and he showed him the dead body of the magician
dan dia menunjukkan kepadanya mayat ahli sihir itu
so that the Sultan would believe him
supaya Sultan mempercayainya
A ten days' feast was proclaimed
Perayaan sepuluh hari telah diumumkan
and it seemed as if Aladdin might now live the rest of his life in peace
dan nampaknya Aladdin kini boleh menjalani sisa hidupnya dengan aman
but his life was not to be as peaceful as he had hoped
tetapi hidupnya tidak sedamai seperti yang dia harapkan
The African magician had a younger brother
Ahli silap mata Afrika itu mempunyai seorang adik lelaki
he was maybe even more wicked and cunning than his brother
dia mungkin lebih jahat dan licik daripada abangnya
He travelled to Aladdin to avenge his brother's death
Dia pergi ke Aladdin untuk membalas dendam kematian abangnya
he went to visit a pious woman called Fatima
dia pergi menziarahi seorang wanita solehah bernama Fatima
he thought she might be of use to him
dia fikir dia mungkin berguna kepadanya

He entered her cell and put a dagger to her breast
Dia memasuki selnya dan meletakkan pisau ke dadanya
then he told her to rise and do his bidding
kemudian dia menyuruhnya bangun dan melakukan perintahnya
and if she didn't he said he would kill her
dan jika dia tidak, dia berkata dia akan membunuhnya
He changed his clothes with her
Dia menukar pakaiannya dengannya
and he coloured his face like hers
dan dia mewarnakan mukanya seperti dia
he put on her veil so that he looked just like her
dia memakai tudungnya supaya dia kelihatan seperti dia
and finally he murdered her despite her compliance
dan akhirnya dia membunuhnya walaupun dia mematuhinya
so that she could tell no tales
supaya dia tidak boleh bercerita
Then he went towards the palace of Aladdin
Kemudian dia pergi ke arah istana Aladdin
all the people thought he was the holy woman
semua orang menyangka dia adalah wanita suci
they gathered round him to kiss his hands
mereka berkumpul di sekelilingnya untuk mencium tangannya
and they begged for his blessing
dan mereka memohon restunya
When he got to the palace there was a great commotion around him
Apabila dia sampai ke istana, kecoh di sekelilingnya
the princess wanted to know what all the noise was about
puteri ingin tahu tentang apa semua bunyi bising itu
so she bade her servant to look out of the window
jadi dia menyuruh hambanya melihat ke luar tingkap
and her servant asked what the noise was all about
dan hambanya bertanya apakah bunyi bising itu
she found out it was the holy woman causing the commotion
dia mendapat tahu itu adalah wanita suci yang menyebabkan

kekecohan
she was curing people of their ailments by touching them
dia menyembuhkan orang dari penyakit mereka dengan menyentuh mereka
the Princess had long desired to see Fatima
Puteri sudah lama teringin untuk berjumpa dengan Fatima
so she got her servant to ask her into the palace
maka dia menyuruh hambanya mengajaknya masuk ke dalam istana
and the false Fatima accepted the offer into the palace
dan Fatima palsu menerima tawaran itu ke dalam istana
the magician offered up a prayer for her health and prosperity
ahli sihir itu berdoa untuk kesihatan dan kesejahteraannya
the Princess made him sit by her
Puteri menyuruhnya duduk di sebelahnya
and she begged him to stay with her
dan dia merayu kepadanya untuk tinggal bersamanya
The false Fatima wished for nothing better
Fatima palsu tidak mengharapkan yang lebih baik
and she consented to the princess' wish
dan dia bersetuju dengan kehendak puteri itu
but he kept his veil down
tetapi dia menutup tudungnya
because he knew that he would be discovered otherwise
kerana dia tahu bahawa dia akan ditemui sebaliknya
The Princess showed him the hall
Puteri menunjukkan kepadanya dewan
and she asked him what he thought of the hall
dan dia bertanya kepadanya apa yang dia fikir tentang dewan
"It is a truly beautiful hall," said the false Fatima
"Ia adalah dewan yang benar-benar indah," kata Fatima palsu
"but in my mind your palace still wants one thing"
"tetapi dalam fikiran saya istana awak masih mahukan satu perkara"
"And what is it that my palace is missing?" asked the Princess

"Dan apa yang istana saya hilang?" tanya Puteri

"If only a Roc's egg were hung up from the middle of this dome"

"Kalaulah sebiji telur Roc digantung dari tengah kubah ini"

"then your palace would be the wonder of the world," he said

"maka istana anda akan menjadi keajaiban dunia," katanya

After this the Princess could think of nothing but the Roc's egg

Selepas ini Puteri tidak dapat memikirkan apa-apa selain telur Roc

when Aladdin returned from hunting he found her in a very ill humour

apabila Aladdin kembali dari memburu dia mendapati dia dalam jenaka yang sangat buruk

He begged to know what was amiss

Dia memohon untuk mengetahui apa yang tidak kena

and she told him what had spoiled her pleasure

dan dia memberitahunya apa yang telah merosakkan kesenangannya

"I'm made miserable for the want of a Roc's egg"

"Saya dibuat sengsara kerana mahukan telur Roc"

"If that is all you want you shall soon be happy," replied Aladdin

"Jika itu sahaja yang anda mahu, anda akan segera gembira," jawab Aladdin

he left her and rubbed the lamp

dia meninggalkannya dan menggosok lampu

when the genie appeared he commanded him to bring a Roc's egg

apabila jin itu muncul dia menyuruhnya membawa telur Roc

The genie gave such a loud and terrible shriek that the hall shook

Jin itu mengeluarkan jeritan yang kuat dan dahsyat sehinggakan dewan bergegar

"Wretch!" he cried, "is it not enough that I have done everything for you?"

"Celaka!" dia menangis, "tidak cukupkah saya telah melakukan segala-galanya untuk awak?"
"but now you command me to bring my master"
"tetapi sekarang kamu perintahkan aku membawa tuanku"
"and you want me to hang him up in the midst of this dome"
"dan anda mahu saya menggantungnya di tengah-tengah kubah ini"
"You and your wife and your palace deserve to be burnt to ashes"
"Anda dan isteri anda dan istana anda layak dibakar menjadi abu"
"but this request does not come from you"
"tetapi permintaan ini bukan dari awak"
"the demand comes from the brother of the magician"
"permintaan itu datang dari saudara tukang sihir"
"the magician whom you have destroyed"
"ahli sihir yang telah kamu musnahkan"
"He is now in your palace disguised as the holy woman"
"Dia kini berada di istanamu dengan menyamar sebagai wanita suci"
"the real holy woman he has already murdered"
"wanita suci sebenar yang telah dia bunuh"
"it was him who put that wish into your wife's head"
"Dialah yang meletakkan hasrat itu ke dalam kepala isteri kamu"
"Take care of yourself, for he means to kill you"
"Jaga diri anda, kerana dia bermaksud untuk membunuh anda"
upon saying this, the genie disappeared
apabila berkata demikian, jin itu hilang
Aladdin went back to the Princess
Aladdin kembali kepada Puteri
he told her that his head ached
dia memberitahu bahawa kepalanya sakit
so she requested the holy Fatima to be fetched
jadi dia meminta Fatima yang suci untuk diambil
she could lay her hands on his head

dia boleh meletakkan tangannya di atas kepalanya
and his headache would be cured by her powers
dan sakit kepalanya akan sembuh dengan kuasanya
when the magician came near Aladdin seized his dagger
apabila ahli sihir itu datang menghampiri Aladdin merampas kerisnya
and he pierced him in the heart
dan dia menikamnya di dalam hati
"What have you done?" cried the Princess
"Apa yang awak dah buat?" jerit Puteri
"You have killed the holy woman!"
"Kamu telah membunuh wanita suci itu!"
"It is not so," replied Aladdin
"Bukan begitu," jawab Aladdin
"I have killed a wicked magician"
"Saya telah membunuh ahli sihir yang jahat"
and he told her of how she had been deceived
dan dia memberitahunya tentang bagaimana dia telah ditipu
After this Aladdin and his wife lived in peace
Selepas ini Aladdin dan isterinya hidup dengan aman
He succeeded the Sultan when he died
Dia menggantikan Sultan apabila baginda mangkat
he reigned over the kingdom for many years
dia memerintah kerajaan itu selama bertahun-tahun
and he left behind him a long lineage of kings
dan dia meninggalkan di belakangnya keturunan raja-raja yang panjang

The End
Akhir

www.tranzlaty.com

www.ingramcontent.com/pod-product-compliance
Lightning Source LLC
Chambersburg PA
CBHW012009090526
44590CB00026B/3944